Originalausgabe

© by Mathias Bellmann. Das Werk einschließlich aller Inhalte ist urheberrechtlich geschützt. Alle
Rechte vorbehalten.

Herstellung und Verlag: BoD - Books on Demand, Norderstedt

ISBN 978-3-7526-0519-8

3 Juwelen

buddhistische Dharmagedichte
von Mathias

Der Erhabene

Erhabener,
Welch´ wunderlich Wort:
Erhaben.
Doch nicht arrogant!
Erhaben über das
Leiden.

Erhaben über die
Verstrickung der Welt,
Die von Gier und Hass
Und den Verblendeten
Gefesselt ist.

Erhabener,
Könnt ich dich sehen!
Erhabener,
Könnt ich mit dir reden!
Erhabener,
Könnt ich mit dir gehen!

Bodhi

Das Herz des Bodhisattva schlägt.
Es atmet und es trägt
Durch dunkle Stunden der Not.

Mitgefühl strahlt und entflammt.
Es leuchtet fesselnd rot,
Bis es alle Probleme verdammt.

Siddharta

Erwacht am Ende der Nacht.
Dann hat er 45 Jahre verbracht,
Uns den Weg zu lehren,
Damit wir wahres Glück erleben.

Der Prinz wurde bettelarm,
Weil ihn die Sinnsuche überkam.
Er erreichte das höchste Ziel,
Bei dem sich alles Leid verliert.

So-sein

Wir,
du und ich,
sind hier
oder nicht?

Fühl
was ist
und niemals war.
Ist da ewiges?

Mensch
zu sein
ist Schein.

Tod ist
das Fleisch
ohne den
erwachten Geist.

Sramana

Kein Sinn im Weltlichen.
Die Welt verlassend,
Sich stattdessen dem
Spirituellen hingeben.

Der finale Schritt.
Der große Übertritt.
Auf der anderen Seite
Wartet eine neue Welt.

Hinter dir lassend:
Weltliche gieren.
Weltliche hassen.
Herzen erfrieren.

Ein neuer Versuch:
Versunken sitzen.
Karma ritzen
Und Mantras singen.

Zen ohne Meister

Im Einfachen spiegeln sich die Dinge:
Kleines Glück verleiht große Flügel.
Der nächste Schritt führt zum Ziel.
Dankbar für den kostbaren Augenblick.
Achte auf die, die dir nahe sind;
Schenke ihnen deine kostbaren Stunden!

Ikkyu

Deinen anderen Mund will ich lecken.
Mit meinem Barthaar daran reiben.
Lass es uns in den Hügel treiben
Und unsere heiligen Körper entdecken.

Mich lockt dein nackter Po.
Ich reibe mich drin froh.
An deinem Rosengarten labend,
Entlocke ich dir erleuchtete Seufzer.

Refugium

Orte der Zuflucht.
Tränen rollen.
Alte Wunden brechen auf.
Können sie heilen?

Fernab des Kampfes.
Fernab des Streits.
Runde im stillen Land.
Stirbt mein Leib?

Meditation

Fern der Welt
Auf meinem Kissen!
Fern der Angst
Auf meinem Kissen!
Fern des Streits
Auf meinem Kissen!
Fern des Geldes
Auf meinem Kissen!
Fern der Sorgen
Auf meinem Kissen!

Soll ich es dir borgen?

Bodhi-Blicke

Wie viel mehr kann ich geben?
Wie viele retten?
Der Bodhisattva in mir schreit:
Es ist nicht genug!

Die Welt brennt.
Innen und außen.
Alle Sinne brennen.

Hungernde. Wahnsinnige. Kriegsopfer.
Verzweifelte. Entwurzelte. Vertriebene.
Verstümmelte. Entrechtete. Hoffende.

Der Bodhisattva schaut offenen Aug´s.
Er sieht die geheimen Wege.
Noch ist die Welt blind.
Erleuchte sie!

Mein Kissen

Ein und aus;
Aber die Gedanken bleiben.
Ich finde nicht heraus
Aus dem metaphorischen Treiben.

Sitzen auf dem Kissen,
Bilder tun sich innerlich auf.
Gedanken bringen mich ins schwitzen.
Ich atme diese Fallen aus!

Erlöst

Die Tore stoß ich auf
zum letzten Lauf.
Das ist das letzte Leben,
Hab mich auf den Pfad begeben.
Bin dem Buddha gefolgt
und hab´ es nie bereut.

Missverstehen

Ohne Worte
Still und stumm.
Kleine, feine Zeichen
heilen dich.

Hinter den Hüllen
Der Sprache.
Eine tiefe Lehre
Des Sinns.

Ohren, die nicht hören.
Worte, die nichts sagen.
Ein Herz, das fühlt.
Lebe! Vergebe.

Lebenspfad

Kein Sein
Heil bleiben
Wenig reden
Tiefer gehen

Loslassen
Der alten Sachen
Den Pfad beschreiten
Prüfungen meistern

Harte Tage
Schicksalswaage
Das Ende kommt
Sei besonnen

Aum

„Vergiss die Welt"
sagte er.
„Es gibt noch mehr"
sagte er.

… und er vergaß.
Er versank tief.
Tief und tiefer.
Er fand etwas neues:
Eine Wahrheit
Jenseits der Welt!

Orden

Roben
In gelb und rot.
2500 Jahre Tradition.

Om.
Auf dem Thron
Der Linienhalter.
Hoffnungsträger.

Worte
Der Stille,
Der Erlösung.
Worte,
Die umgestürztes aufrichten.

Meditation

Ein – Glück
Sitzen
Strecken
Gewahrsein
Befrei´n
Aus – Glück

Zen

Neben mir nichts
Hinter mir nichts
Vor mir nichts
In mir nichts

Leere,
Alles ist leer
Für den sehend-
Verstehend Augenblick

Verblendet
Begehrend
Leidend

Keine Welt

Lass die Welt hinter dir.
Tausche sie in etwas neues ein
Und vergiss die Vergänglichkeit.

Lieber Mantras chanten,
Als gestresst von Banken.
Lieber Glocken drehen,
Als über Chef's aufregen.
Lieber meditieren,
Als nach Erfolg streben.
Adé Welt. Leb wohl.
Bye und Tschüssikowsky.

Dornen und Stacheln

Hass, Wut und Zorn;
Ich kann euch nicht entfliehen.
Ihr seid wie ein Dorn,
Der in mir steckt
Und Schmerz erzeugt.

Hass und Angst
Sind wie verwandt.
Schlangen gleich windend
Um mich, würgend,
Bis zum letzten Atemzug.

Wogen des Zorns.
Ein tobender Sturm,
Dessen Name Hass ist.
Es frisst mich auf.
Die Angst höhlt
Mich von innen aus.

Kräfte

Ein dumpfes Gefühl im Magen:
So entstehen Geschwüre.
So entstehen Tumore.
So beginnt der siechende Tag.

Achtsamkeit;
Kann sie mich retten?
Die Sanftheit des Dharma
Soll schützen und dunkle
Energien auflösen,
Bevor sie zu manifestem
Leiden werden.

Verblendete Welt?
Viele Wege. Viele Jahre.
Viele Möglichkeiten.
So wenig Gewissheiten.

Kindliche Erleuchtung

In die Sonne gestarrt,
Erlösung erwartet.
Der Schmerz des Seins,
Die Masse des Leidens
Ist unerträglich.

Auf Sonnenstrahlen
Geritten,
Wollte ich bitten,
Die Frage all dessen
Zu klären.

Freiheit

Der Wind.
Die Vögel.
Ein Flug.
Der Griff nach Freiheit.
Nur der Buddha hat´s geschafft!

Baldachine

Das Mantra sprechen.
Das Mantra murmeln.
Mein Mantra ist der Schutz
Vor den Stürmen der Welt.

Die Zuflucht nehmen.
Die Zuflucht sprechen.
Meine Zuflucht ist der Schutz
Vorm Leid dieser Welt.

Dem Dharma folgen.
Den Dharma lehren.
Mein Dharma ist der Pfad,
Der zur Befreiung führt.

Dem Buddha glauben.
Dem Buddha vertrauen.
Unser Buddha ist der Beweis,
Dass Freiheit möglich ist.

Grimmiger Zahn

Lang sind die Tage des Donners.
Weit fließen die Flüsse ins Land.
In den Tälern hängen Wolken.
Ein Mönch hat den Dämon gebannt.

Tod ist das Schicksal des Mannes.
Der Dämon trägt sein Erbe.
Dharma ist das heilige Band,
Dass er kalpalang schützen werde.

Braunes Gewand
Mit klappriger Brille

Lachend am Espresso nuckeln.
Das ist wahre Praxis.

Achtsam jede Regung spüren,
Wenn wir uns umarmen.
Das ist wahres Mitgefühl.

In Tränen ausbrechen,
Wenn der anderen Schmerz
Mein Herz berührt.

Universales Nirwana

Der Dharma – unendliche Weiten.
Der Buddha drang in Bereiche vor,
Die nie ein Mensch zuvor
Gesehen hatte.

Die Abenteuer der Sangha
Führen sie immer tiefer hinein
In ein Universum des Glücks
Und der Freiheit.

Reines Gewahrsein

In der Meditation wird der Körper
Zum Baum und das Herz zum Gott.
Der Mensch aber, der Mensch ist tot.

6 Pfade

Hinter der Hoffnung,
Hinter dem Glück,
Liegt ein riesen Berg Arbeit.
Er ist der Preis des Glücks.

Zahlst du ihn nicht,
Fällst du tief in eine Welt,
Die dich in Stücke reißt
Und blutig pfählt.

Karmawaage

Was hätten wir alles
tun können?

All die Stunden, Tage
und Jahre ...

Wie viele retten?

Zeit verstreicht. Ungenutzt.
Ungefragt. Einfach weg.

Wären wir unserem Herzen gefolgt,
statt unserer Gier und Angst!

Maya

In den ruhigen Momenten,
Wenn der Geist tief vordringt,
Erkennen wir die Wirklichkeit
Und eine neue Reise beginnt.

Hinter dem Schleier alter Begriffe
Liegt eine andere Wahrheit verborgen.
Sie führt in eine endlose Tiefe.
Da gibt es keine Macht mit Worten.

Wo Leid endet und Hoffnungen sterben,
Beginnt eine grenzenlose Leerheit.
Hier kannst du Schätze bergen
Und in echter Freiheit leben.

Mit-Gefühl

Zerrhafte, kleine Stücke
Schlagen keine Brücke
Zu den Herzen der
Leserschaft.

Jene, die aus Mitgefühl geboren
Oder die in wahrer Liebe schworen,
Erreichen die Menschen und
Führen sie zu jenem Zustand,
Dem das Leben seine Anziehungskraft
verdankt.

Spiegelbilder

Bist du bewandert
In der Kunst der anderen?

Kannst du sie lesen
Und ihre Zukunft vorhersehen?

Oder kannst du es nicht,
Weil du dich Selbst kennst nicht?

Ein, aus

Gebannt starre ich auf den Punkt.
Ich folge stoisch meinem Atem.
Das Mantra rattert in meinem Kopf,
Kann die Erleuchtung kaum erwarten.

Noch mögen es viele Jahre sein
Oder es passiert in ein paar Tagen.
Aber am Ende werde ich strahlen
Im Nirwana eines neuen Morgen.

Hinter dem Schleier

Hinter meinem Alltagsschleier
Leide ich.
Es hat sich eingegraben
Und nagt an mir.

Hinter Gedanken der Normalität
Dreht sich eine Schleife.
Sie findet kein Ende.
Fängt immer wieder an.
Sie untergräbt alles andere.
Kontrolliert! Sie kontrolliert mich.

Punktlandung

Tiefpunkt. Fall. Aufschlag. Schmerz.
Kein Ende in Sicht. Noch nicht.

Wendepunkt. Kurve. Wandel. Hoffnung.
Etwas verändert sich. Sehnsucht entsteht.

Höhepunkt. Ganz oben. Wunderbarer Sieg.
Die Krönung. Am Ziel aller Träume.

Verblendet

Der Zweifelgetriebene
Die Angstgehemmte
Die Giergesteuerten
Liegen in Fesseln.

Gehemmt. Verklemmt.
Beten und betteln, hoffen
Auf eine unsichtbare Rettung.

Sie selbst sind schwach; zu schwach.
Aber niemand wird kommen.
Sie selbst haben ihr Leben
In ihren eigenen Händen.

Morbide

Sterblicher Leib;
Leidet bis er greist.
Fällt dann um
Und bleibt stumm.

Der Tod holt alle.
Das Leben ist eine Falle.
Da nützt kein flehen.
Er wird jeden nehmen.

Momente des Lebens

Diese kleinen Dinge, die passieren
Und nur am Rand ins Bewusstsein treten.

Kleine Ereignisse zu Millionen,
die einfach geschehen und dennoch
Die Bausteine der ganzen Welt sind.

Kleine Wunden, die uns formen und prägen.
Unbemerkt geschehen sie am Rand.

Keiner bemerkt es, doch es berührt sie;
Prägt ganzen Generationen den Stempel auf.

Atme

Frei und freier
Mit jedem Atemzug.
Die Freiheit ist der Preis,
den es zu erringen gilt.

Frei fließt mein Atem;
Frei und freier.
Ich kämpfe mich empor
Zur Höhe allen Daseins.

Keiner

Ich bin der keine.
Niemand ist mein Name.
Nirgendwo bin ich zuhaus´.
Niemand denkt an mich
Oder vermisst mich.
Niemals wird man
Meiner gedenken.
Doch ich bin der eine Keine
Und es gibt keinen,
der mit mir ist.

Wer bin ich?

Die Suche nach mir selbst.
Tausend Stunden sitzen,
Atmen und meditieren.

Wer bin ich?

Immer wieder diese Frage,
Die der alte Zenmeister mir gab.

Morgendliches sitzen

Der klare Geist
Inhaliert
Exhaliert
Nichts trübt
Keine Gedanken
Reine Konzentration
Ein Fluss auf dem Weg
Zur Befreiung

Unsere Welt

Eine Welt voller Leid
So weit dein Auge reicht.
Die Wesen leben elend
Vom Kummer eingesperrt.

Die Probleme fangen alle ein.
Niemand kann sich davon befreien.
Jeder muss schlimmes ertragen
Und kummervoll darben.

Samsara

Nach dem Aufstieg der Fall.
Nach dem Fall der Aufstieg.

So geht es Jahrelang.
So geht es Lebenlang.

Anziehung folgt auf Abstoßung.
Hass folgt der Liebe.

Glück

Vom Glück verlassen.
Das Glück suchen.
Glücklich bitten.

Glück wartet,
Aber trenn´ dich
Von den Fesseln
Unglücklicher Gier.

Das Glück suchen.
Nach Glück streben.
Glück erarbeiten.
Glück erlangen.

Es gibt Glück.
Glück ist greifbar.
Glück ist wahr.

Leid-Entkommer

Elend, Not und Gewalt, so weit das Auge reicht,
Das ernsthaft um die Erde schweift.
Diese Welt ist im Leid gefangen.
Kein Wesen ist dem bisher entgangen.
Aber halt: von einem wird gesprochen.
Buddha wird sein Name gesungen.

Deine Entscheidung

Fernab der Welt.
Fernab der Gesellschaft.
Fernab von Hektik und Stress
Gibt es einen anderen Weg.
Innere Ruhe, Frieden, Harmonie
Und Mitgefühl findest du hier.
Und Glück! Dein Glück!

Renn´

Bist du bereit
Alle loszulassen,
die dich hassen,
Um frei zu sein?

Bardos

Sterbend leben
Lebend sterben
Zwischen den Momenten
Etwas blitzt
Leere, die verbindet
Ein Ausweg
befreit!

Ich denke, also bin ich

Stürme des Geistes
Gedankenberge
Gefühlsmeere
Erinnerungsseen
Gedankenblitze
Ich – Sätze

Bist du frei?

Bist du frei?
Kannst du alles tun?

Kannst du deine
Gier besiegen?

Kannst du dich
Von all deinen Trieben
befrei´n?

Von deinen Ängsten;
Von deiner Wut?

Bodhisattva Träume

Wie gern würde ich geben!
Würde gern die Hungernden nähren.
Es frech von den Reichen stehlen,
Die sowieso nur ihr Geld vermehren.

Gern würde ich sie alle heilen.
Sie leiden an tausenden Krankheiten.
Will etwas tun gegen all das Leiden.
Will sie alle in die bessere Welt geleiten!

Seelenpein

Ich kann nicht vergessen.
Es klebt an mir wie Pech.
Gedanken, die mich fressen
Und nicht loslassen.

Ein Gedanke kehrt wieder.
Er kommt ständig zurück.
Mir schmerzen die Lider.
Mein Gleichmut ist zerstört.

Medi

Auf diesem Kissen
Muss ich sitzen,
Will ich frei sein,
Statt zu leiden.

Auf diesem Kissen
Muss ich schwitzen.
Meinen Atem zählen
Und Befreiung wählen.

Der untrainierte Geist

Eingesperrt in einen Geist,
Der vom Wahn getrieben ist.
Kaut eine Sache immer wieder,
Nichts anderes dringt durch.

Es rattert im Dauermodus.
Wiederholt sich Pausenlos.

Kreuzungen

Ein Pfad der Weisheit.
Einen der Verblendung.
Einen musst du gehen!

Ein Pfad des Glücks.
Einer des Leidens.
Einer ist dein Leben.

Ein Pfad der Liebe.
Einer des Hasses.
Einer nur ist heilsam.

Sinnsuche

Auf der Suche nach dem Sinn
Musst du hinter den Spiegel schauen.
Aus Masken gebaut ist die Welt.
Es ist ein Schleier, der die
Wahrheit verhüllt hält.

Auf den Sinn nach der Suche
Musst du der Menschen
Dummheit verstehen lernen.
Sei ehrlich zu dir selbst
Und prüfe deinen Geist.

Auf der Suche nach dem Sinn
Musst du Berge der Lüge überwinden.
Die Ehrlichkeit ging verloren.
Die Wahrheit ist ausgestorben.
Aber manche reden von Wiedergeburt.

Juwel auf dem Pfad

Der unruhige Geist
Voller Schmerzen.
Haltlos getrieben.
Ein Blatt im Wind.

Meditieren lernen.
Den Geist stabilisieren.
Frei durchatmen
Und glücklich sein.

Inkarniert

Bin ich,
Bist du,
Hier richtig
Oder war
Diese Welt
Die falsche
Wahl?

Atmen wir

Der Atem soll meine Festung sein,
Hinter der ich der Welt entflieh.
Der Atem soll meine Brücke sein,
Die hinüber führt ins Paradies.

Der Atem wird mein Schwert sein,
Mit dem ich mein Elend zerschneide.
Der Atem soll meine Heimat sein,
In der ich mich zuhause fühle.

Ein Lächeln

Ich bin erwacht
In voller Kraft,
Um Wesen zu führen.

Ich will sie
Mit Mitgefühl berühren.
Für ein besseres Leben
Innere Hoffnung geben.

Denn Leiden vergeht
Und Nirwana besteht
ungeboren.

Magische Farben

Die Farben sind golden.
Sein Blick ist leicht gesenkt.
Ein leichtes Lächeln
Umzaubert sein Gesicht.

Gesäumt von Dakinis.
Golden und wild.
Die wilde Weisheit
Der Nomaden.

Heilige Frauen
Auf dem Weg zur
Buddhaschaft.

Bunt strahlende Juwelen.
Ihre Kleidung ist purpur.
Goldene Yogini.

Der Thron des Gurus

Hektisches Treiben
In den Hallen der Heiligen.
Wir sind es gewohnt.
Ein-Buddha thront.

Wir werden geweiht.
Ich folge dem Pfad,
der Erlösung versprach.
Ein-Blick heilt.

Buddhas weiser Blick
Mit großer Kraft.
Voll Mitgefühl gespickt.
Ein-Sicht erlangt.

Rundes Nonnengesicht

Das Wasser der Erkenntnis
Rauscht mit dem Wasser der Welt.
Es spült die Verblendung weg.
Hinterlässt eine diamantene Landschaft.

Leere im Wort.
Leere im Training.
Leere im Leben.

Buddha

Gut gelaunt und frei,
offen und weise.
Ob das der Buddha sei?

Erleuchtete wirken leise.
Strahlend sein Lächeln war;
Lebendig und stark.

In der Sangha

Hoffnung wächst.
Der Atem führt.
Furcht verletzt.
Die Gier glüht.

Klarsicht Meditation.
Psycho Schranken.
Ernsthafte Lektionen.
Dunkle Gedanken.

Goldener Mann
Mit schmalen Lidern
Blickt gebannt
Auf mich nieder.

Alles ist Geist

Der Geist floss frei.
Alles ist Objekt im Geist.
Auch du in mir
Und ich in dir.
Wir sind wahr,
gleichzeitig projiziert.

Sotapanna

Und wieder sterben.
Mein eigenes Kamma
Werde ich erben.
Das ist Dhamma.

Leid muss weichen.
Ein-Strom entkommen.
Nibbana erreichen.
Vom Dukkha wegkommen.

Statt stumpf vegetieren,
Nach dem Höchsten streben.
Einfach stetig meditieren
Und anderen Segen geben.

Hier beginnt der Pfad
Im kommenden Leben.
Meine kammische Saat
Wird Erwachen bringen?!

Dein Lächeln

Wer bist du?
Du grüßt mich und lächelst.
Deine Freundlichkeit weckt
In mir Mitgefühl.

Freundlichkeit weckt
Meine Erinnerung daran;
Wer ich wirklich bin!

Buddhasamen

Befreit von Sorgen
Sind Gedanken und Gefühle.
Ein Geheimnis war tief verborgen
Und glänzt im purpur.

Diamantengleich
Sind die Samen der Erleuchtung.
Unheimlich schnell
Wächst Bodhichitta.

Leerheit

Nichts geht.
Nichts steht.
In mir entwebt´s.
Welt vergeht.

Losgelöst.
Frei von Form.
Formlose Norm.
Leiderlöst.

Samsaras Sog
Umwandeln.
Erleuchtetes handeln.
Leerer Trog.

Saha

Leere Lebewesen getrieben von der Egosucht,
Sind gefangen in Leid, Elend und Sinngenuss.
Ich-Gestalten, die ihren Weg voran schreiten,
Sich mit jedem Atemzug neues Leid bereiten.

Eure Leben werden bald enden.
Gier kommendes zum Schlechten wenden!

Leeres Juwel

Noch immer sorgend.
Ungebeten betrogen.
Dem alten Pfad folgend.
Mir etwas Zeit borgen.

Ein Juwel der Macht,
Unruhig und blind,
Bis es erwacht:
Frei wie der Wind!

Ehre

Sinnentleert
Und befreit
Ist die Frucht gereift.

Unbezwingbar
Und dickköpfig
Erfolgte der Wandel.

Kraftvoll
Und willensstark
Entfloh er dem Sarg.

Die Zunge am Gaumen

Der Atem, der geht.
Leiden fortbesteht.
Auf dem Kissen sitzen
Und Weisheit ausschwitzen.

Mit steifer Konzentration
Strebe ich nach Dharmas Lohn.
Endlich Befreiung gelingt
Und Leid verrinnt.

Ganz hinüber gehen

Zwischen den Zeichen steht etwas geschrieben.

Sieh in die Augen eines wilden Tigers
und höre genau hin, was er dir sagt!

Die Wahrheit jenseits der Worte
kann gehört werden.
Die Dinge, die Worte
nicht auszudrücken vermögen,
sind uns dennoch zugänglich.

Wenn es dich ergreift,
dann lass dich treiben
ans jenseitige Ufer.

Wer bist du?

Der Weise macht aus der Niederlage einen Sieg.
Der Tor vollbringt das nicht.

Der Weise akzeptiert den Verlust und lebt
geduldig fort.
Der Dumme versteht es nicht und hetzt und tobt.

Der Weise erträgt den Schmerz und das Unrecht
tapfer.
Der Narr verzweifelt und der Schmerz wird
doppelt.

Leiden

Selbst ich leide
und auch du.
Leiden unter dem Unmittelbaren.
Leiden unter dem was
kommen wird.
Leiden unter dem was
Alltag ist.
Leiden unter Verlust und
unerfüllter Sehnsucht.

Fließend

Erst untergehen
Und dann vergehen.
Heute noch jung.
Morgen schon
Alt und tot!

Der Fluss fließt dahin.
Willst du hineinspringen?
Es wird immer ein neuer sein,
egal wo du springst hinein.

Kein Tag des Flusses
Gleicht dem anderen.
Kein Tag des Geistes
Gleicht dem anderen.

Hinter den Schleiern

Nichts ist geblieben.
Alles verschluckt vom Wandel.
Kein Kern ist erschienen.
Ich ist verschandelt.

Die reinigende Leere
Befreit von allen Sorgen.
Sie nimmt die Schwere
Aus dem Verborgenen.

Leer ist mein Blick.
Dennoch sehe ich dich.
Weisheit hat geklickt
Und befreite mich.

Dharmas Macht

Sexuelle Begierde hat mich gefesselt.
Jeder geile Arsch ist meine Kette.

Prägungen vergangener Zeiten,
die mich karmisch binden,
Sind unermessliche Gewalten.
Dharma kann sie überwinden.

Nackte Juwelen

Ich leer
Du leer
Wie ein Meer der Leere

Ich mehre
Du mehrst
Wir ehren die Buddhas

Ich weiß
Du weißt
Was wissen die Weisen?

Er kennt mich
Du kennst mich
Aber wer bin ich?

Gedanken

Gedanken sind ein Meer
Und ich bin der Strand.
Sie überschwemmen alles
Und bedecken mein Land.

Gedanken sind wie Berge.
Ich ein Wanderer.
Sie sind unerschöpflich
und faszinieren.

Gedanken sind der Himmel.
Ich bin ein kleiner Vogel.
Sie sind scheinbar endlos
Und ich darin verloren.

Der Geflügelte

Dem Traum entstiegen im Licht des Tages.
Mit Purpurschwingen wandelt er über die Erde.
Die Macht seiner Weisheit erschwert sein Leben.
Sie bürdet ihm die Kraft zu heilen auf.

Ein neuer Weiser entspringt einer lichten Welt.
Er ergreift das Mögliche und ordnet neu.
Die Welt erstrahlt im neuen Gesicht.
Er serviert ihr ein heilsames Gericht.

Dharma Schritte

Frei sein, wo immer du gehst,
Mit jedem Schritt im Paradies verweilen.
Lebe dein Leben in vollen Zügen,
Die Kraft dazu ist dir gegeben.

Lächeln, wann immer du stehst,
Mit jedem Atemzug ein Lächeln zaubern.
Ein Abgeklärtes für Momente der Trauer.
Ein Strahlendes für alle anderen.

Glücklich sein, mit wem du auch redest.
Der Menschen wahres Wesen erkennen,
Sich an ihren Tugenden erfreuen.
Denn Tugend führt uns zum Guten.

Weise wählen, wie immer du lebst.
Das Wahre in der Welt erkennen,
Sieh hinter die Schleier deiner Mitmenschen.
Lerne bis zu ihrem Tiefsten zu sehen.

Nirwana

Am Ende aller Tage
Stellt sich die Frage:
Gehst du den letzten
Schritt und erlischst?

Es ist wie Nichts:
Aber das ist es nicht.
Des reinen Nirwana Geist
Ist vom Karma verwaist.

Kein gierliches Strecken.
Nichts mehr erkämpfen.
Kein schmerzendes Verrecken.
Erlöst von allen Schrecken.

Frei sein im Angesicht
Des reinen Nirwana Licht,
Dass du nun bist und
Dass doch anders ist.

Sariputra

Leben um des Lebens willen
Und der Sehnsucht nach Frieden.
Jeden Tag mit Gänze genießen,
Aber den letzten freudig loslassen.

Nicht zu viel und nicht zu wenig
Und doch nicht an der Mitte haften.
Nicht nach Versenkung schmachten,
Dennoch siegreich gegen Maras Waffen.

Denn als der Tag des Erwachens beginnt,
Wurde er ein erleuchtetes Buddhakind.

Ohne Inhärenz

Hab keine Angst.
Da ist kein erschrecken
Vor den Menschen.

Such tief und
Du wirst nichts entdecken.
Sie sind leer.

Leer von einem festen Selbst.
Alles ist ein Fluss, auch du.
Also sieh zu, dass du mutig
Und zufrieden bist.

Bodhi

Es ist unmöglich
Nur ich.
Es ist unlöblich.
Es nicht zu tun,
aber ist unerträglich.

Das Elend der Welt.

Es ist unerreichbar
Für uns, zu retten die Welt.
Es ist unausweichbar
Für jeden mit echtem Herz.

Erkenntnis

Nein Welt.
Buddha ja.
Welt Leid.
Buddha heilt.

Mütter weinen.
Dharmas heilen.
Leb wohl Welt.
Hallo Meditationszelt.

Stumpfsinn

Ein träger Geist.
Sein Denken schleift.
Er ist geschwächt.
Kurz vorm zerbrechen.

Meditiere lange.
Säe die Samen.
Du kannst erstarken
Und die Sorgen zerschlagen.

Morgens um sechs

Objekt verloren
Fehlersuche
Atmen
Stabilisieren
Wieder verwirren

Der Atem geht
Das Mediationsobjekt schwankt
Anfängergeist
Anfänger sein!

Saha's Wandel

Kreislauf
Scheiß drauf
Holt dich ein
Macht dich klein

Trettmühle
Wildes Gewühle
Hamsterrad
Schicksalsmacht

Lebenszweck
Kriechen im Dreck
Sinnbefreit
Opferbereit

Alt werden
Einsam sterben
Den Himmel anbeten
Neu auferstehen

sein oder nicht sein

Bin ich oder bin ich nicht
Und was bin ich?
Wer kennt die Antwort
Und will mich belehren.
Wer die ganze Menschheit
Zu ihrem wahren Wesen führen?

Leer ist das wahre Wesen,
Lehrte der eine.
Wir sind wie Sterne,
Sagte ein anderer.
Wir kommen in den Himmel
Oder fallen in die Hölle,
Lehrten die meisten.
Wir sind Neuronen und Atome,
Sagten die Professoren.

Was ist der wahre Wesen Sein
Oder sind wir bloßer Schein
Eines gigantischen Träumers?

Demut

Ich nehme es an.
Ich akzeptiere es.
So soll es sein,
Lass mich drauf ein.

Alles ist richtig.
Es ist wichtig
Es anzunehmen,
Statt zu widerstehen.

Genau so ist es.
Karma will es.
Das ist mein Leben.
Ich muss es annehmen.

Mitfühlen

Hinter Fassaden,
Davor Scharaden.
Die Höheren hofieren.
Niedere brüskieren.

Der Reiche siegt.
Der Arme siecht.
Ein Naturgesetz
Wird stets verletzt:
Bodhichitta.

Jenseits des Jenseits

Jenseits aller Träume
Jenseits aller Sorgen
Jenseits der Hoffnung
Und des Kummers

Hier kann ich die Ruhe finden,
Von der ich so lange träumte.
Hier kann ich den Frieden finden,
Der mir so lange verwehrt blieb.
Genau jetzt!

Versenkung

Am Ende aller Träume
War ich erwacht.
Helles, weißes Licht
Umhüllte mich.

Es war eine große Leere.
Befreit von aller Schwere
Flog ich ins Licht und
Es verwandelte mich.

In einer fernen Welt,
In der die Zeit anhält,
Erlebte ich die Freiheit
Und erlebte wahres Glück.

Sozius

Befreit
Befreiungsschrei?
Erreicht,
Was unerreichbar war.

Keine Tat bleibt ungesühnt.
Karma erlöst, aber verstößt du
Gegen das Gesetz der Liebe,
Treffen dich Karmas Hiebe.

O´Mara

Maras scharfe Krallen fangen.
Sein Rachen hat mich verschluckt.
Seine Töchter haben mich gefesselt
Und seine Heerscharen mich zerstückelt.

Gefangen in des Maras Krallen;
Entkommen ist nur eine Illusion.
Niemals werden wir entkommen!
Zermahlen wird uns der Daseinsstrom.

Hin und her, dann und wann

Kein Ende in Sicht im Kreislauf der Geburten.
Kein Ausweg in Sicht außer der Nirwanas.
Mein Lebenslicht wird immer neu entzündet,
Solange nicht jeder Rest Karmas verlischt.

Keine Erlösung in Sicht außerhalb des
Sitzkissens.
Keine Lebensqualität ist es ohne wahres
Mitgefühl.
Ich ändere mich nicht durch Halbherzigkeit.
Nur Wandel verspricht der Erwachten Weisheit.

Weisheit und Sein

Des Schreibens kundig und des Schreibens
willig,
Will ich Schreiben, um die Welt vom Leiden
Zu befreien.

Im Schreiben steckt ein Aspekt des Seins,
Mit der Kraft die Welt zu befreien,
Jedem Wesen Weisheit einzuverleiben
Und ihnen den Weg zur Freiheit zeigen.

Yama

Der Tod
-jenes magische Wort-
Und seine grenzenlose Macht.

Der Tod lässt Herrscher zittern.
Treibt Angst in den stärksten Mann.
Geißel des Menschengeschlechts
Wird der Tod oft genannt.

Der Tod macht demütig.
Der Tod macht weise.
Der Tod macht Angst.

Sie glaubt nicht an den Tod,
Sagte sie erhaben.
Das Universum verschwendet nichts.
Es wandelt nur Energie …

Juwelen glänzen

So sehnsüchtig viele Leben
Will ich mich quälen,
Um Erleuchtung zu erleben.

Tausende von Bergen
Werde ich überqueren
Zu den Meistern der
Dharmalehren.

Ich werde mit vollem Herzen
Den Weg der Tugend wählen,
Um alle zu erlösen.

Tag ein, Tag aus werde ich
In die Sangha gehen und
Streben als Vorbild für
Meine Freunde.

Ich will Verdienste sammeln
Und heilsames Karma säen,
Um uns zu befreien.

Endlos viele Leben werden
Vergehen, doch dann werde
Ich sie sehen: Erleuchtung.

Bud

Leben um Leben
Will ich nach Erwachen streben,
Auf das Höchste zu gehen
Und die Güte wählen.

Aus tausend Leben
Soll es keines geben,
Ohne das ich strebe
Nach dem Nibban´.

Guru

Demut soll ich lernen,
Herzenswärme auch.
Mich vom Rausch entwöhnen,
Danach verlangt die Zeit.

Die Tore sind geöffnet.
Der Duft des Sieges
Liegt in der Luft.

Demut ist sein Ross.
Mitgefühl seine Lanze
Und Tugend sein Schild.

Freund und Feind

Dein eingeschworener Feind
Hat auch Frau und Kind.
Er hat ein Herz, das fühlt.
Das sollte dich berühren!

So verschieden
Seid ihr nicht.
Selbst wenn er dein
Feind bleiben wird.

Bodhisattva – Art

Kurze Rede, langer Sinn,
Weil ich ein Bodhisattva bin,
Rette ich dich vor allen Sorgen

Und werde dir mein Glück borgen.
Ich werde dich befreien
Und unsere alten Wunden heilen.

Hier-jetzt oder dann-wann

Sie sagen hier und jetzt sei weise,
Aber geplant hat auch der Buddha;
Sich ein Bild von der Zukunft gemacht.

Nur hier und jetzt lebe ich.
Jede andere Behauptung irrt.
Doch mein Weisheitsauge schweift
Durch die endlose Zeit.

Kalpas

Ein Augenblick wird
Zu Millionen Jahren.
Sieh die Möglichkeiten,
Wahrscheinlichkeiten
Und die Kausalität.

Ursache und Wirkung:
Karma, Karma, Karma.
Immer wieder Karma.

Barbar Hui Neng

Ich las den Vers des Einen.
Er war unfähig zu schreiben.
In der Rechten die Gabel teilte
Die dicken Udonnudeln.
Eine gebratene Gurke erschien.
Die Wahrheit war enthüllt.

Herz zu Herz

Wozu einen Vers schreiben,
Wenn Hui-Neng den Einen
Bereits geschrieben hat.

Ich rülpste und fand Satori.

Milarepas Kind

So viel zu tun
Und so wenig Zeit.
Denn der Zeit genug ist
In diesem Leben nicht.
Aber in zwei oder drei
Werde ich alles schaffen!

Reisender

Hab zehntausend Leben gelebt.
Hab zehntausend Welten gesehen.
Deine ist nur eine davon.

Fast alle halten sich für die eine Wahre.
Sie alle stolzieren wie Gockel daher.
Arroganz wird euch nicht bewahren.
Kein Fick euch jemals befrei´n.

Aber frag´mich und
Ich weis dir den Weg!

Buddha

Sahst du
Ihn?
Er,
Der sprach
Und wies
In jenes Paradies,
Von dem es heißt,
Dass Wahre zu sein.

Garten in Reispapier

Gespannt an der Wand
Entspannt der Geist.
Im zen´igen Kreis
Fängt Erleuchtung an.

Ohren der Leere
Hören die Klagen.
Samsara zu ertragen
In des Leidens Meere.

Der glatzköpfige Mann
Folgt weise dem Atem.
Er fühlt Satori nahen
Und starrt an die Wand.

Geister

Der Geist, der Geist, der scheißt.
Manchmal Gedanken, die kranken.
Manchmal Kratzer mit Tentakeln.

Der Geist leidet fürchterlich,
Wenn man ihm das Herz bricht.

Der Geist, der Geist, den beschleicht
Oft der schlimmste Zweifel und
Er wi(e)derspricht ganz widerlich.

Erlöst

Trau dich und lebe!

Trotze den Schlägen!
Trotze der Wut!
Ihre und auch deine
Wut tut niemand gut.

Finde einen besseren Weg!

Manjushri

Das schärfste Schwert,
Dass alle Lügen zerteilt.
Auch das falsche Ego!

Manjushris Schwert
Schneidet Diamanten.
Es besitzt den Wert
Heilender Weisheit.

Grau-Haar

Die Nonne
Sitzt neben mir und spricht.
Erzählt von ihrer jahrzehntelangen Praxis.

Jahre des Studiums.
Meditieren.
Sie ist Dharma
Und doch fern des Ziels.

Sieht sie das Licht
Noch in diesem Leben
Oder nicht?

GeIchte und EntIchte

Kein Mensch, kein Tier, kein Baum,
Kein Gott; der aus ich gemacht.

Frei fließen die Haufen.
Frei von Gier, Unwissen, Hass.

Die GeIchten leiden an
allen Problemen und Zweifeln.

Es schimmert die Leere
In der letztendlichen Weisheit.

Der Menschen Leben
Gekrönt mit Freiheit.

Putitamo

Tausend Sprünge
Im Spiegel
Mein Licht
Mein Ich
In nichts
Tausendfach gebrochen

Denkst – lebst

Der Träumer bin ich
Und du der Traum.

Du denkst, du denkst,
Doch ich spiegel dich.

Dein ganzes Leben
Nur eine Marionette.

Achte auf die Zeichen.
Sie stehen überall!

Du bist ein Code.
Ich deine Quelle.

Kleinode

Buddha zu dir flieh ich.
Wieder und wieder.
Ersehne deine Gnade.

Dharma, ein Pfad
Auf dem ich wandel
An dunklen Tagen
Und an den Hellen.

Sanghabrüder.
Sanghaschwestern.
Wir hier sind.
Dem Erwachen nah.

Ruhmreiches Siegesbanner

Der Buddha, den ich ehre,
Ihm möge ich zu Ruhm gereichen.
Ich will die größte Weisheit entfalten
Und mein Inneres im Zaum halten.

Das große Ziel hat er offenbart.
Dank ihm, komm ich dem nah.
Ich beende das Leiden in mir
Und das meiner Liebsten.

Widersprüche

Puja
Zwischen Zen und Vajra
Tsog
Zwischen Zen und Vajra

Lass das Floss zurück,
Wenn du am Ufer bist.

Lass alles los,
Dass dich nach
Unten zieht.

Praxis

Blicke im dunklen Turm
Über des Leidens Acker.
Es tobt wild der Sturm.
Der Tod ist ein nackter.

Der urigen Gewalten Macht,
Die täglich zerreißen.
Entwickel die Kraft,
Dich selbst zu befreien.

Ein Kreis

Nichts.
Stille
… und leer.
Endloses Universum
Mit Sternenmeer.

Wolken ziehen
Am wolkenlosen
Horizont.

Der Ton erklingt
Nur in der Stille.

Mönchslehrer

Vorne der Lehrer sitzend
Auf seinem Thron.
Meine Gedanken schwitzend.
Die Lehre lohnt.

Dieser Lama strahlt
Mit seiner Weisheitskraft.
Habe das zuhören gewagt.
Erschüttert vor dieser Pracht.

Sein Kopf ist rasiert.
Gelb sein Mönchsgewand.
Hat er sich kastriert
Oder wurde er ein großer Mann?

Ihm gelobe ich zu folgen.
Strebe nach seinen Sprüchen.
Sie befreien mich von Sorgen
Und zaubern besseres wünschen.

Prajnaparamita

Om
Genommen
Om
Zerrissen
Om
Loslassen
Om
Durchschneiden
Om
Das leere Heer
An Phänomenen

Basho

Einer Hyäne gleich lauert der Zen-Schüler.
Lechzt nach dem Fleisch, dass du Kensho
nennst.

Frei. Quiekend. Tänzelnd das Beutetier.

Überreichbar.

Blaue Felsen

Eine Welt, aufgebaut auf einer Lüge.

Die Lüge ist:
Die Welt und das Sein des Ichs.
Die Lüge ist,
was sie scheinbar
zusammen hält.

Wurzellos

Leben leben.
Viele Leben.
Dem Tod begegnen
In jedem Leben.

Wieder erstehen
Ohne wiedersehen.
Keine Form gleicht.
Nur Geist.

Karma bleibt
Weiter unbefreit.
Karma zerstört.
Von Not erlöst.

6 Welten

Menschen
Götter
Tiere
Alle kriechen
Mal auf allen vieren.

Geister
Und Höllenwesen
Wünschen sich zu verwesen,
Aber sind Tag und Nacht
Opfer brutaler Kraft.

Neid und Hohn
Ist der Welten Lohn
Im Halbgötterbereich.

Wir

Alle Wesen wollen nicht mehr leiden!
Können wir unseren Wunsch nicht einfach
vereinen?

Alle Wesen wollen glücklich sein!
Können wir uns nicht gemeinsam von allen
Hindernissen befreien?

Sadhana Praxis

Samen sprießen
Nach dem Gießen;
Auch die Tugendsamen.

In tagelangen
Dharmarunden
Ist mein negatives
Karma verschwunden.

Erinnerungsfetzen

Durchbrüche
In der Nacht.
Durchbrüche
Auf dem Kissen.
Alte Geschichten,
Die vergessenen,
kehren heim,
Werden fest
Und lassen
Sich küssen.

Ein Bild in
Der Meditation
Aus einer
Fernen Welt
Wird hart,
Wird fest,
Lebt und atmet
Und führt
Zu dem Objekt,
Dem meine
Liebe gilt.

HörerInnen

Ohne die Hilfe der Weisen
Werden wir endlos im Samsara kreisen.

Ohne die Weisheit der Leere
Entkommen wir niemals dem Leidenswege.

Ohne den Weg der Freiheit
Finden wir niemals eine glückliche Heimat.

Klares Licht

Wahn!
Tag ein. Tag aus.
Gedanken rollen, rennen, pressen,
Explodieren
Und torpedieren mein Mitgefühl.

Klar.
Atme ein. Atme aus.
Meditieren lernen: suchen,
Finden, halten, verweilen;
Bis Mitgefühl strahlt.

Ohne Wort

Geduld ist eine Tugend.
Mitfühlend warten
Selbst an harten Tagen.

Geduld wird Qual.
Trotz allen Wartens
Kommt es nicht,
Wie es kommen soll.

Aber wir warten
Oft ein Leben lang.
Kaum zu erwarten
Ist der letzte Tag.

Lehrt

Weisheit braucht diese verwirrte Welt.
Frieden braucht diese hassende Welt.
Geduld braucht diese gierige Welt.

Ohne Weisheit zerstört diese Welt sich selbst.
Ohne Frieden tötet diese Welt sich selbst.
Ohne Geduld frisst diese Welt sich selbst.

Schaffen wir´s?
Oder bleibt uns nur
Dummheit, Hass und Gier?

Wandelwelt

Eine Welt mit vielen Menschen
Und auch Tieren,
Die um ihr Leben kämpfen.

Eine Welt der guten Geister
Und der Gierigen,
Die sich in Sicherheit wiegen,
Aber zweifelsfrei wissen,
Alles kann kippen,
enden und explodieren.

Lebensfährten

Kalte Hölle. Heiße Hölle.
Ich schaufel mir mein Grab
Mit jeder tugendlosen Tat!

Ist mein Schicksal besiegelt
Und der Ausweg verriegelt?

Muss ich brennen für Äonen
Oder wird sich Güte lohnen?

Innenweltraum

Abschied mit Genuss.
Nach altem Verdruss
Kullern ein paar Tränen.

Ich hoff´ SEHR
Sie seh´n mich nicht,
Die mir schadeten
Und mich vertrieben.

Ná Mò

Amidas reines Land.
Amitayus im roten Gewand.
O-mi-to-fó der heilige Mann,
Der Lotusblumen pflanzte,
In denen wir wiedergeboren,
Wenn wir seinen Namen rufen.

Bodhisattvas

Einsam sitzt
Der Bodhisattva
Und die Welt
Dreht sich.

Einsam wacht
Der Bodhisattva
Über sein kleines
Erleuchtungslicht.

Es erhebt sich
Der Bodhisattva,
Rettet dich
Und erwacht.

Blutige Augen flehen

Die Tränen der Wut rollen heiß.
Sie ersticken in der unbändigen Glut
Des endlosen Leidens.

Diese Welt brennt unendlich heiß.
Sie brennt von Schmerz, Gier, Hass,
Zorn und Leid.

Unrecht steckt in allen Winkeln.
Kleine Kinder, die wie Arbeitstiere buckeln
Und Tiere, die sie schlagen und zerstückeln.

Niemand entkommt dem Strom der Pein.
Selbst die Reichen können sich nicht retten.
Tausende Krankheiten warten in den Ecken.

Flieh! - Falls du den Ausweg findest.
Die Mühlen des Leidens werden dich mahlen
Und dein Innerstes in Stücke walzen.

Ein Tier

So hoch bin ich geflogen
Und so oft gestorben.
Oft wurde ich betrogen
Von meinem Geist.

Die Gier trieb ihr Spiel,
Raubte mir den Verstand
Und Anhaftung hat mich
Zu niederer Geburt verbannt.

Zen

Träumend
träumte ich
mein Leben
an jedem Tag
und in der Nacht.

Zersprungen
ist das Spiegelbild
meines wachsamen
Herz-Geistes
im Zerrbild
wahrer Leerheit.

Glücksjäger

Auf der Suche nach dem
größtmöglichen Glück
fing ich mir eine
Drogensucht weg.

Ich erlag meiner
Fuckboy Attitude.
Erlag dem Frust
der Alkoholsucht
und dem Durst
nach Menschenblut.

Erst in der Meditation
habe ich gefunden,
wonach ich suchte.

Repa

Es ist leicht, wirklich gut zu sein.
Es ist einfach, die Güte des Herzens
auszuleben!

Aber verstrickt in eure Begierden
Lebt ihr im Rausch eurer Sinne
Und lasst zu, wie euer gütiges Herz
In Dunkelheit versinkt.

Rinzai Satori

… und dann doch!
Es hat Klick gemacht,
Als diese Frau
Den Papierfetzen nahm
Und dem Unhold
In die Augen stach.

Vajra-gleiche

Tausend Jahre sind ein Tag
Ozeane schmelzen
Planeten bersten
Einsam steht der leere Diamant

Worte des Glücks
Friedensbringer

Lausch! - in Äonen
kommt diese Chance
kein zweites mal

Buddhawelt

Welt – Buddha
Buddha – Welt

Buddha über Welt
In der Welt Buddha

Buddha ist Frieden
Krieg in der Welt

Befreit vom Leiden
Würden sie nicht meinen

diamantene Yoginis

In der Hölle des Lebens
Im tiefsten Ghetto der Stadt
Erwachte das Dakini Land

Angst und Armut verfliegen
Schwarzes Karma aufgerieben
Heilender Nektar fließt
Diamantene sind erlöst

Grauhaar

Wozu alter Mann spielst du?
Die nächste Welt ruft dich schon!
Hörst du sie?
Ich höre sie!

An euren letzten Tagen
Solltet ihr Alten,
Den inneren Weg wagen
Oder Frieden lehren!

Lila Mantra

Om Lila Liebe überall in jedem

Mantra

Über die Welt, über das Himmelsreich, jenseits
aller Phänomene, genau hier und jetzt; das ist
Nirwana.

Sutras

Es weicht das kleine ich.
Zurück bleibt nichts,
Das gewöhnlich ist.

Größeres ist geboren.
Glorreich auserkoren.

er oder sie

Er
Lehrte
Das Ende
Allen Leidens.

Er,
Der es
Beendet hat.

Er-st
Für sich,
Dann offenbart
Für jedermensch.

Tibeter

Guru Gesicht
Und ein alter Mund,
Der Wahrheit spricht.

Er tut kund,
Den Weg der Geburten
Und der Leiden.

Sechsfach sind Furten
Und er lehrte von sechs
Zwischenbereichen.

Maitri

Jetzt ist der Moment zu leben.
Diesen Menschen sollten wir geben.
In unseren Herzen ist ein Platz;
Für sie ist er gemacht.
Er soll dort ewig sein.
Hier können sie bleiben!

Verblendet

Hinterher schwer.
Vorher nichts.
Da drin verwirrt.
Das ist jeder Augenblick.
Gelebt von einem
blinden Mann,
der nicht nach
Weisheit rang.

Gemeinsam

Kleine Dinge passieren,
Viele Kleine.
Und sie vereinen sich
Zu etwas Großem.

Lass es Liebe sein
Und Güte. Dein warmes
Herz in jedem Augenblick
Ändert die Welt.

Tick tack

Zeit.
Zeit-Geist.
Nur in Gedanken
Reist, was ist
Und vergeht.
Nur in Leerheit
Besteht das,
Was das Leiden
Zerreißt.

Ohne Einlass

Zen ist ein Kreis.
Der Übende sitzt außerhalb
und will hinein.
Der Kreis hat keinen Eingang.
Es gibt kein hindurch.
Es gibt kein Tor.
Satori – der Blitz!
Du bist im …
und bist doch nicht.

Wege

Der Tod:
Unaufhaltsam!
Doch wer stoppt
Wiedergeburt?

Das Leben:
Nehmen und geben.
Glück und Leid
Tanzen im selben Kleid.

Dein Gesicht_
Bleibt unverkennlich_
Zaghaft spricht´s;
Gleichsam lachend und
Weinend.

Xin

Wie
Sollte ich,
Was mir Geist zu Geist
Gegeben wurde,
Dir zeigen?

Aber das
          muss ich,
um dich zu
          befreien.

Befrei´n? Wovon?
Niemand ist gefangen,
leidend oder geboren!

Wir
          sind
                    nirgendwo

genau
          hier
                    jetzt

Arthur

Wille und Durst
Vereinen sich.
Gott und Nirwana
Verneinen sich.

Streben und Sein
Werden.
Menschen und Götter
Sterben.

Lebendig sein
Ist Schein.
Tod sein
Kein verweilen.

zazen

Stirb!
Ja, stirb.
Stirb du ich.
Stirb
Du Wicht
Und kehr
Nie mehr
Zurück.

Negatives negatives

Hoffnung schält
In tausend Leben.
Dasein vergeht,
Wenn alles aufgegeben.

Der große Traum
Vom endlosen Glück
Ist im Leeren Raum
Der Nirwana geglückt.

Ein großer Mann,
Der Buddha genannt,
Hat bestanden,
Was wahr war.

Jiva

Wenn du siegen musst,
Weil du keine Wahl hast,
Denn es geht um mehr
als nur dich.

Da ist Liebe in dir.
Sie gehört auch mir
Und jedem anderen Wesen,
Denn ihr Zweck ist es
Zu verbinden.

Bodh

John an deinem Grab
Hab ich die Welt geschaut.
Vorm Universum kniete ich.
Auf dich habe ich meinen
Bodhisattva-Schwur gebaut.

Altruis

Du liest
mich.
Ich bin
tot.
Du bist!

Ich
übergebe
dir die
Aufgabe,
diese Welt
zu retten
vor allem
Leid!

Kein

ein Kreis
undurchlässig
außen sein
Satori-Kensho
innen

ein Innen,
dass
ohne Innen
und Außen
wirkt

anicca

Alles hier
Wird fort gehen;
Inklusive mir.

Nichts von dem
Bleibt bestehen.

Das Neueste vom Neuen
Kann ich schon sehen,
Als bald veraltet.

Vertrauen

Er und ich.
Das namenlose Gesicht.
Robe in Safran und Gold.
Werd´ den Weg nie bereu´n.

Eingetreten – Strom!
Weitergehen – ohne unterzugehen!

Unser Gleichnis

Wir sind Hamster
In einem Laufrad,
Das Samsara heißt.
Wir versuchen
Alles zu schaffen,
Aber laufen
Im Kreis.

Fó Fa Seng

Für mich das Höchste
Und Schönste:
Mein BuddhaDharmaSangha.

Siehst du es nicht?
Sieh hin!
Des Erhabenen Licht
Strahlt für Billionen.

Shunyata

Nicht nichts.
Nicht etwas.
Wahres sein.
Niemals allein.

Hass nicht,
Denn am
Ende hasst
Du dich.

Nichts besonderes

Nichts besonderes!
Nicht du. Nicht ich!
Wir sind alle gleich.
Nichts anderes:
Weder Mensch, noch Tier,
Noch Gott.

Anders. Besonders. Höher.
Besser und Außergewöhnlich
Sind die Narzissten, Egoisten,
Besserwisser und Individualisten,
Die im Netz von Ich und Selbst
Gefangen sind.

Befrieder

Wie gern würde ich dir zeigen,
Wie viel Macht du hast,
Diese Welt zu einem besseren Ort
Zu machen.

Etwas hält dich klein. Schwach.
Unterwürfig. Devot.
Sind es sie oder bist du es selbst?

Blinde

Neues braucht
Nur ein alter Geist.
Kein Moment gleicht dem anderen.
Kein Mensch war jemals der Gleiche,
Den du in ihm
Zuvor gesehen.

Blind sind ihre Augen.
Alt ihr Geist.
Sie langweilen sich.
Nicht sind sie für das
Wahre Leben bereit.

Nähr!

Selbstwert
Im Herz,
Dann wenn
Bodhichitta
Entsteht!

Acht Schritte

Lehr mich
Leere.

Vergiss Schwere
Und entbehre.

Auf dem mittleren Weg
Verweht.

4

Hass-befreit.
Gier-befreit.
Liebe vereint.

Güte. Mitleid.
Mitfreude.
Gleichmut.
Entwickle
Mit Langmut!

Lehrerin

Verzweifelt blicken
In eine Zukunft,
Die nur Tod und
Verderben kennt.

Etwas anderes gibt
Es nicht.
Alles ist vergänglich.
Das ist der Weltlauf.
Mach dich schnell auf
Und flieh!

Myriaden Kalpas

Einsam verlassen.
Zerbombt gestorben.
Verhungernd erfroren.
Eingesperrt gefangen.
Leben um Leben.
Unter. In. Für. Dich.

Jedes Leben
Kannst du. Er. Sie.
Ihr. Wir.
Nirwana entweben.

Veränderung

Wandel geschieht jederzeit.
Aber Veränderung?
Liebe statt Hass.
Freundschaft statt Gewalt.
Dank statt Tratsch.

Es wäre so einfach all das Böse,
Stressige und Fiese,
Durch das Gute und Liebe
Zu ersetzen.
Wir müssen nur mit dem Herzen
Sehen lernen.

Rupa

Achterbahn.
Auf und ab.
In meiner Blutbahn.
Mein Körper
Hält mich auf
Trab.

Körper stirbt,
Leidet und vergeht.
Klammer dich
Und du verlierst.
Lass los
Und fünf gewinnt.

Geliebtes Tibet

Ich danke dir Tibet:
Du hast den Dharma bewahrt.

Aber ich frage euch Tibeter:
Hättet ihr die Bodhisattva-
Schule zur Höchsten gewählt,
Statt das Vajrayana
-das ich liebe-
Hätte China euch dann
Auch überrannt?

Großes Mitgefühl

Wenn der Bodhisattva sitzt,
Erscheint ihm das Leid der Welt.
Er fühlt und er schwitzt;
Der Schmerz der Schläge.
Die Enge der Käfige.
Nichts bleibt ihm verborgen.

Ein Gewöhnlicher dürfte weinen.
Er muss den Pfad beschreiten.
Das Ziel ist noch fern.
Er darf niemals ruhen,
Bevor alle sind befreit!

Karma

Die einen sterben.
Die anderen erben
Und leben ein
Dasein ohne Sorgen.

Karma mag,
Der eine sagen.

Wenn es
Karma gibt,
Wird der,
Der nicht´s
Gegen das Leiden
Anderer tut,
Elend sterben
Und elender
erben.

Pfade

Der Stolz trägt
Zu jenem Gipfel,
Der den Stolz schmilzt.

Der Selbstwert wächst.
Es ist wie verhext
Mit dem guten Herz.

Ozean des Wissens.
Ein Moment zerrissen
In letztgültiger Weisheit.

Das goldene Joch
Trage ich noch.
Menschlich sein.

Im Tantra versunken.
Universell betrunken.
Sitzende Poschmerzen.

Kreis

Ein Bewusstseinszustand so leer,
dass es keinen Unterschied mehr
zwischen Tod und Geburt gibt.

Sitzen so lange, dass es schwer
wird wie der milchstraßige Berg.

Leere Worte

Der Buddha kam, sah und verlosch.

Das weltliche Geplänkel ist geprägt
Vom Dünkel und Stolz. Geprägt
Vom falschen Selbstwert, der sich
Von Angst und Hass ernährt.

Die Menschen lästern und stänkern,
Nur um nicht selbst belästert und
Gestänkert zu werden. Das ist
Der Kreislauf der Welt.

Vater und Kinder

Als Buddha lebte
Und den Dharma webte,
Der Sangha entstand.

Der Bodhisattva berührt,
Kam auf dem Pfad gerannt,
Der zur Erleuchtung führt
Und hat das Leiden verbannt.

Maitreyas General

Sie,
Die Kriegstreiber,
Werden sagen,
Ich hätte eine Schneise
In ihre Armeen geschlagen,
Damit du siegen kannst!

Wir,
Die Friedensbringer,
Werden sagen,
Ich hätte eine
Landebahn geschaffen,
Damit du aus dem Tushita
Himmel landen kannst!

Das einzige Lächeln

Er hat gelacht.
Gelacht.
Er hat gelacht.

Er hätte nicht
Gelacht,
Hätte sein Auge
Nicht das Ende
Allen Leidens
gesehen.

Für mich.
Für dich.
Für uns.

Gelacht.

Linienhalter

Du hast gelächelt
Und er hat gelächelt,
Als du die Blume nahmst.
Alles wird gerettet,
Denn er lügt niemals!

3 Juwelen in Einem

Leer
Sehr
Frei
Leid

Mehr
Wert
Ist
Sinnlos
Für die
Welt

Gold
Tropfen
Schmelzen
Diamanten
Bleiben
Gleich

Fußabdrücke

Wir alle wählen unseren Weg durch
diese endlose Nacht des Weltalls.
Manche führen rauf. Manche fallen tief.
Für mich ist der Bodhisattva Pfad bestimmt.

Samadhi

Ich träumte wohl
Vom großen Glück.
Für einen Moment
war es wahr,
Denn ich habe
Es gefühlt!

Endloses Ende

Millionen
und Millionen
sind wir zusammen
gereist

Millionen
um Millionen
haben mich betrogen
mit einem falschen
Geist

Millionen
über Millionen
liegen verstreut
als Leichen

Millionen
nach Millionen
sind wir auferstanden
mit neuem
Leib

Sanduhren

Die Zeit
eilt
vorbei!

Der Geist
entscheidet
den Lebenslauf!

Der Tod
zerschlägt
alle Not!

Acht Schritte

Dunkel sind die Wolken
Am Horizont meines Geistes.

Die Qual der Außenwelt
Ist eine Illusion,
Aber das Gefühl
Ist echt unangenehm.

Den Pfad zu gehen,
Der Erlösung verheißt,
Ist das Geschenk
Der Buddhas.

Leer und frei

Mal wieder Krieg,
Seuchen und Hunger.
Es ist der Geist,
Der siecht und
Dieses Elend
Produziert.
Er allein kann
Es stoppen.

Unser Geist gibt
Grund zu hoffen.
Aber nur wenn
Wir beginnen,
Ihn heilsam
Einzustimmen.

Echte Weisheit

Es gibt einen
                großen Unterschied
Zwischen Spaß
                und wahrem,
echtem Glück.
                Merk dir das
und vergiss
                es nicht!

Juwelen

Buddha verstand auf eine Weise
Zu sehen, dass alles Leiden
Zu Ende geht.

Ein Pfad,
Im Dickicht verborgen
Aus längst vergangener Zeit,
Der zum Leben ohne Leid
Führt.

Gemeinsam gehen wir
Und reichen uns die Hand,
Bis der Tag der Freiheit
Naht.

vergänglich

Der Geist-
      weniger als das
            Blatt im Wind

Der Körper-
      ächzt und
            stirbt geschwind

Wandel besteht nicht.
      Sein Wesen ist
            vergehen.

Omitofo

Ganz nackt trete ich
vor dich.
Entblößt von allem sein,
jede Rolle abgeschabt
mit Messer und Beil.
Du siehst mein nacktes
ich.

Bitte leite mich ins
Tal der Kristallblumen!

Sein

Das dort ist,
Kann doch nicht sein
Mehr als Schein.

Gebaut von meinem Geist,
Um zu erscheinen.
So wie ich.

Bin ich oder
Bin ich nicht?

Schwüre

Wir leben hier.
Aber leben wir,
Wenn wir wegschauen?

Ihr Schmerz. Ihr Leid.
Was sagt das Herz?

Erhebe dich. Lebe.
Diene. Erwähle.
Bodhi. Erwachen.

Verschiebend

Dein Blick
      trifft mich.
Niemand ist
      und wird
           je sein.

Alles ist
      bloßes erscheinen.
Kein Verweilen
      je geschieht.

Du und ich.
      Wir sehen
uns nicht.

Aber Mitgefühl
      ist lebendig.

Drei Wege

Das Tor zu einem
glücklichen Leben
heißt vergeben.

Willst du wahre
Liebe finden,
musst du erst
der Gier entrinnen.

Erkenne dein
wahres Selbst,
in dem du dein
Herz offen hältst.

Magga und phalla

Glücklich und verzückt
Schlief sie neben mir.
Befreit vom inhärenten ich
Betrat ich nibban´.

Zwei Welten sind eins
Und keins zugleich.
Sie nackt verpackt
Aus Selbstes Hülle.
Ich-nicht-ich befreit
Im Strom gereist.

Über den Autor:

niemand,
niemals,
nirgendwo
und doch durch
den Urknall prädestiniert.